Livro de registo de jardinagem

Este livro pertence a:

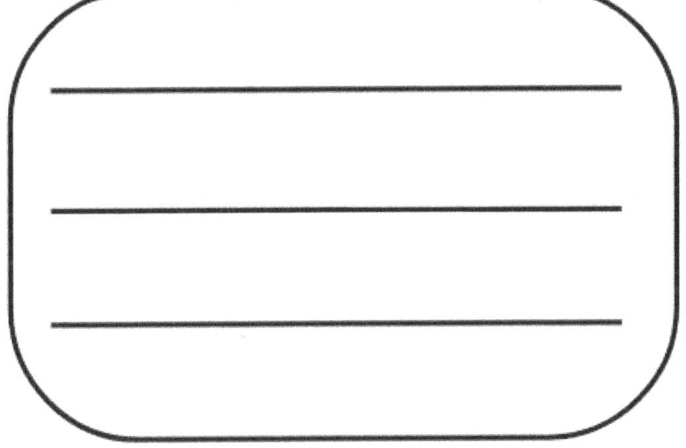

Um livro de jardinagem é uma óptima maneira de acompanhar os seus objectivos de jardinagem tanto para os principiantes como para os jardineiros experientes.

Livro de registo de jardinagem

Nome	Localização

Fornecedor	Preço

Classe científica

Vegetais	○	Fruta
Erva	○	Flor
Arbusto	○	Árvore
Anual	○	Bienal
Perene	○	Sementeira

Data

Germinado

Plantado

Colhido

Nível de luz

Sol

Sol Parcial

Sombra

Outros

Começou a partir de

Semente

Planta

Classificação

Tamanho	○○○○○
Cor	○○○○○
Sabor	○○○○○

Fertilizantes e equipamento

Requisitos de água

0%
menos

instruções de cuidados

instruções de plantio

Notas adicionais

Livro de registo de jardinagem

Nome	Localização

Fornecedor	Preço

Classe científica

Vegetais	○	Fruta
Erva	○	Flor
Arbusto	○	Árvore
Anual	○	Bienal
Perene	○	Sementeira

Data

Germinado

Plantado

Colhido

Nível de luz

Sol

Sol Parcial

Sombra

Outros

Começou a partir de

Semente

Planta

Classificação

Tamanho	○○○○○
Cor	○○○○○
Sabor	○○○○○

Fertilizantes
e equipamento

Requisitos de água

0%
menos

instruções
de cuidados

instruções
de plantio

Notas adicionais

Livro de registo de jardinagem

Nome		Localização
Fornecedor		Preço

Classe científica

Vegetais	○	Fruta
Erva	○	Flor
Arbusto	○	Árvore
Anual	○	Bienal
Perene	○	Sementeira

Data

Germinado

Plantado

Colhido

Nível de luz

Sol

Sol Parcial

Sombra

Outros

Começou a partir de

Semente

Planta

Classificação

Tamanho	○○○○○
Cor	○○○○○
Sabor	○○○○○

Fertilizantes
e equipamento

Requisitos de água

0%
menos

instruções
de cuidados

instruções
de plantio

Notas adicionais

Livro de registo de jardinagem

Nome	Localização

Fornecedor	Preço

Classe científica

Vegetais	◯	Fruta
Erva	◯	Flor
Arbusto	◯	Árvore
Anual	◯	Bienal
Perene	◯	Sementeira

Data	Nível de luz
Germinado	Sol
Plantado	Sol Parcial
	Sombra
Colhido	Outros

Começou a partir de	Classificação
Semente	Tamanho ◯◯◯◯◯
Planta	Cor ◯◯◯◯◯
	Sabor ◯◯◯◯◯

Fertilizantes
e equipamento

Requisitos de água

0%
menos

instruções
de cuidados

instruções
de plantio

Notas adicionais

Livro de registo de jardinagem

Nome		Localização
Fornecedor		Preço

Classe científica

Vegetais	○	Fruta
Erva	○	Flor
Arbusto	○	Árvore
Anual	○	Bienal
Perene	○	Sementeira

Data

Germinado

Plantado

Colhido

Nível de luz

Sol

Sol Parcial

Sombra

Outros

Começou a partir de

Semente

Planta

Classificação

Tamanho	○○○○○
Cor	○○○○○
Sabor	○○○○○

Fertilizantes
e equipamento

Requisitos de água

0%
menos

instruções
de cuidados

instruções
de plantio

Notas adicionais

Livro de registo de jardinagem

| Nome | | Localização |
| Fornecedor | | Preço |

Classe científica

Vegetais	○	Fruta
Erva	○	Flor
Arbusto	○	Árvore
Anual	○	Bienal
Perene	○	Sementeira

Data

Germinado

Plantado

Colhido

Nível de luz

Sol

Sol Parcial

Sombra

Outros

Começou a partir de

Semente

Planta

Classificação

Tamanho	○○○○○
Cor	○○○○○
Sabor	○○○○○

Fertilizantes
e equipamento

Requisitos de água

0%
menos

instruções
de cuidados

instruções
de plantio

Notas adicionais

Livro de registo de jardinagem

Nome	Localização

Fornecedor	Preço

Classe científica

Vegetais	○	Fruta
Erva	○	Flor
Arbusto	○	Árvore
Anual	○	Bienal
Perene	○	Sementeira

Data

Germinado

Plantado

Colhido

Nível de luz

Sol

Sol Parcial

Sombra

Outros

Começou a partir de

Semente

Planta

Classificação

Tamanho	○○○○○
Cor	○○○○○
Sabor	○○○○○

Fertilizantes e equipamento

Requisitos de água

0%
menos

instruções de cuidados

instruções de plantio

Notas adicionais

Livro de registo de jardinagem

Nome		Localização
Fornecedor		Preço

Classe científica

Vegetais	⚪	Fruta
Erva	⚪	Flor
Arbusto	⚪	Árvore
Anual	⚪	Bienal
Perene	⚪	Sementeira

Data

Germinado

Plantado

Colhido

Nível de luz

Sol

Sol Parcial

Sombra

Outros

Começou a partir de

Semente

Planta

Classificação

Tamanho	⚪⚪⚪⚪⚪
Cor	⚪⚪⚪⚪⚪
Sabor	⚪⚪⚪⚪⚪

<table><tr><td>Fertilizantes
e equipamento</td><td>Requisitos de água</td></tr></table>

0%
menos

<table><tr><td>instruções
de cuidados</td><td>instruções
de plantio</td></tr></table>

Notas adicionais

Livro de registo de jardinagem

Nome

Localização

Fornecedor

Preço

Classe científica

Vegetais	○	Fruta
Erva	○	Flor
Arbusto	○	Árvore
Anual	○	Bienal
Perene	○	Sementeira

Data

Germinado

Plantado

Colhido

Nível de luz

Sol

Sol Parcial

Sombra

Outros

Começou a partir de

Semente

Planta

Classificação

Tamanho ○○○○○

Cor ○○○○○

Sabor ○○○○○

Fertilizantes
e equipamento

Requisitos de água

0%
menos

instruções
de cuidados

instruções
de plantio

Notas adicionais

Livro de registo de jardinagem

Nome	Localização

Fornecedor	Preço

Classe científica

Vegetais	○	Fruta
Erva	○	Flor
Arbusto	○	Árvore
Anual	○	Bienal
Perene	○	Sementeira

Data

Germinado

Plantado

Colhido

Nível de luz

Sol

Sol Parcial

Sombra

Outros

Começou a partir de

Semente

Planta

Classificação

Tamanho	○○○○○
Cor	○○○○○
Sabor	○○○○○

Fertilizantes
e equipamento

Requisitos de água

0%
menos

instruções
de cuidados

instruções
de plantio

Notas adicionais

Livro de registo de jardinagem

| Nome | Localização |

| Fornecedor | Preço |

Classe científica

Vegetais	○	Fruta
Erva	○	Flor
Arbusto	○	Árvore
Anual	○	Bienal
Perene	○	Sementeira

Data

Germinado

Plantado

Colhido

Nível de luz

Sol

Sol Parcial

Sombra

Outros

Começou a partir de

Semente

Planta

Classificação

Tamanho	○○○○○
Cor	○○○○○
Sabor	○○○○○

Fertilizantes
e equipamento

Requisitos de água

0%
menos

instruções
de cuidados

instruções
de plantio

Notas adicionais

Livro de registo de jardinagem

Nome	Localização

Fornecedor	Preço

Classe científica

Vegetais	○	Fruta
Erva	○	Flor
Arbusto	○	Árvore
Anual	○	Bienal
Perene	○	Sementeira

Data

Germinado

Plantado

Colhido

Nível de luz

Sol

Sol Parcial

Sombra

Outros

Começou a partir de

Semente

Planta

Classificação

Tamanho	○○○○○
Cor	○○○○○
Sabor	○○○○○

Fertilizantes
e equipamento

Requisitos de água

0%
menos

instruções
de cuidados

instruções
de plantio

Notas adicionais

Livro de registo de jardinagem

Nome

Localização

Fornecedor

Preço

Classe científica

Vegetais	○	Fruta
Erva	○	Flor
Arbusto	○	Árvore
Anual	○	Bienal
Perene	○	Sementeira

Data

Germinado

Plantado

Colhido

Nível de luz

Sol

Sol Parcial

Sombra

Outros

Começou a partir de

Semente

Planta

Classificação

Tamanho ○○○○○

Cor ○○○○○

Sabor ○○○○○

Fertilizantes
e equipamento

Requisitos de água

0%
menos

instruções
de cuidados

instruções
de plantio

Notas adicionais

Livro de registo de jardinagem

<table>
<tr><td>Nome</td><td>Localização</td></tr>
<tr><td>Fornecedor</td><td>Preço</td></tr>
</table>

Classe científica

Vegetais	◯	Fruta
Erva	◯	Flor
Arbusto	◯	Árvore
Anual	◯	Bienal
Perene	◯	Sementeira

Data

Germinado

Plantado

Colhido

Nível de luz

Sol

Sol Parcial

Sombra

Outros

Começou a partir de

Semente

Planta

Classificação

Tamanho	◯◯◯◯◯
Cor	◯◯◯◯◯
Sabor	◯◯◯◯◯

Fertilizantes
e equipamento

Requisitos de água

0%
menos

instruções
de cuidados

instruções
de plantio

Notas adicionais

Livro de registo de jardinagem

| Nome | | Localização |
| Fornecedor | | Preço |

Classe científica

Vegetais	○	Fruta
Erva	○	Flor
Arbusto	○	Árvore
Anual	○	Bienal
Perene	○	Sementeira

Data

Germinado

Plantado

Colhido

Nível de luz

Sol

Sol Parcial

Sombra

Outros

Começou a partir de

Semente

Planta

Classificação

Tamanho	○○○○○
Cor	○○○○○
Sabor	○○○○○

Fertilizantes
e equipamento

Requisitos de água

0%
menos

instruções
de cuidados

instruções
de plantio

Notas adicionais

Livro de registo de jardinagem

Nome	Localização

Fornecedor	Preço

Classe científica

Vegetais	◯	Fruta
Erva	◯	Flor
Arbusto	◯	Árvore
Anual	◯	Bienal
Perene	◯	Sementeira

Data

Germinado

Plantado

Colhido

Nível de luz

Sol

Sol Parcial

Sombra

Outros

Começou a partir de

Semente

Planta

Classificação

Tamanho	◯◯◯◯◯
Cor	◯◯◯◯◯
Sabor	◯◯◯◯◯

Fertilizantes
e equipamento

Requisitos de água

0%
menos

instruções
de cuidados

instruções
de plantio

Notas adicionais

Livro de registo de jardinagem

| Nome | Localização |

| Fornecedor | Preço |

Classe científica

Vegetais	○	Fruta
Erva	○	Flor
Arbusto	○	Árvore
Anual	○	Bienal
Perene	○	Sementeira

Data

Germinado

Plantado

Colhido

Nível de luz

Sol

Sol Parcial

Sombra

Outros

Começou a partir de

Semente

Planta

Classificação

Tamanho ○○○○○

Cor ○○○○○

Sabor ○○○○○

Fertilizantes
e equipamento

Requisitos de água

0%
menos

instruções
de cuidados

instruções
de plantio

Notas adicionais

Livro de registo de jardinagem

| Nome | | Localização |
| Fornecedor | | Preço |

Classe científica

Vegetais	○	Fruta
Erva	○	Flor
Arbusto	○	Árvore
Anual	○	Bienal
Perene	○	Sementeira

Data

Germinado

Plantado

Colhido

Nível de luz

Sol

Sol Parcial

Sombra

Outros

Começou a partir de

Semente

Planta

Classificação

Tamanho	○○○○○
Cor	○○○○○
Sabor	○○○○○

Fertilizantes
e equipamento

Requisitos de água

0%
menos

instruções
de cuidados

instruções
de plantio

Notas adicionais

Livro de registo de jardinagem

Nome	Localização

Fornecedor	Preço

Classe científica

Vegetais	○	Fruta
Erva	○	Flor
Arbusto	○	Árvore
Anual	○	Bienal
Perene	○	Sementeira

Data

Germinado

Plantado

Colhido

Nível de luz

Sol

Sol Parcial

Sombra

Outros

Começou a partir de

Semente

Planta

Classificação

Tamanho	○○○○○
Cor	○○○○○
Sabor	○○○○○

Fertilizantes
e equipamento

Requisitos de água

0%
menos

instruções
de cuidados

instruções
de plantio

Notas adicionais

Livro de registo de jardinagem

Nome		Localização
Fornecedor		Preço

Classe científica

Vegetais	○	Fruta
Erva	○	Flor
Arbusto	○	Árvore
Anual	○	Bienal
Perene	○	Sementeira

Data

Germinado

Plantado

Colhido

Nível de luz

Sol

Sol Parcial

Sombra

Outros

Começou a partir de

Semente

Planta

Classificação

Tamanho	○○○○○
Cor	○○○○○
Sabor	○○○○○

Fertilizantes e equipamento

Requisitos de água

0%
menos

instruções de cuidados

instruções de plantio

Notas adicionais

Livro de registo de jardinagem

Nome	Localização

Fornecedor	Preço

Classe científica

Vegetais	○	Fruta
Erva	○	Flor
Arbusto	○	Árvore
Anual	○	Bienal
Perene	○	Sementeira

Data

Germinado

Plantado

Colhido

Nível de luz

Sol

Sol Parcial

Sombra

Outros

Começou a partir de

Semente

Planta

Classificação

Tamanho ○○○○○

Cor ○○○○○

Sabor ○○○○○

Fertilizantes
e equipamento

Requisitos de água

0%
menos

instruções
de cuidados

instruções
de plantio

Notas adicionais

Livro de registo de jardinagem

Nome		Localização
Fornecedor		**Preço**

Classe científica

Vegetais	◯	Fruta
Erva	◯	Flor
Arbusto	◯	Árvore
Anual	◯	Bienal
Perene	◯	Sementeira

Data

Germinado

Plantado

Colhido

Nível de luz

Sol

Sol Parcial

Sombra

Outros

Começou a partir de

Semente

Planta

Classificação

Tamanho ◯◯◯◯◯

Cor ◯◯◯◯◯

Sabor ◯◯◯◯◯

Fertilizantes
e equipamento

Requisitos de água

0%
menos

instruções
de cuidados

instruções
de plantio

Notas adicionais

Livro de registo de jardinagem

Nome	Localização

Fornecedor	Preço

Classe científica

Vegetais	○	Fruta
Erva	○	Flor
Arbusto	○	Árvore
Anual	○	Bienal
Perene	○	Sementeira

Data

Germinado

Plantado

Colhido

Nível de luz

Sol

Sol Parcial

Sombra

Outros

Começou a partir de

Semente

Planta

Classificação

Tamanho	○○○○○
Cor	○○○○○
Sabor	○○○○○

Fertilizantes e equipamento

Requisitos de água

0%
menos

instruções de cuidados

instruções de plantio

Notas adicionais

Livro de registo de jardinagem

| Nome | Localização |

| Fornecedor | Preço |

Classe científica

Vegetais	○	Fruta
Erva	○	Flor
Arbusto	○	Árvore
Anual	○	Bienal
Perene	○	Sementeira

Data

Germinado

Plantado

Colhido

Nível de luz

Sol

Sol Parcial

Sombra

Outros

Começou a partir de

Semente

Planta

Classificação

Tamanho	○○○○○
Cor	○○○○○
Sabor	○○○○○

<table>
<tr><td>Fertilizantes
e equipamento</td><td>Requisitos de água</td></tr>
</table>

0%
menos

<table>
<tr><td>instruções
de cuidados</td><td>instruções
de plantio</td></tr>
</table>

Notas adicionais

Livro de registo de jardinagem

Nome	Localização

Fornecedor	Preço

Classe científica

Vegetais	○	Fruta
Erva	○	Flor
Arbusto	○	Árvore
Anual	○	Bienal
Perene	○	Sementeira

Data

Germinado

Plantado

Colhido

Nível de luz

Sol

Sol Parcial

Sombra

Outros

Começou a partir de

Semente

Planta

Classificação

Tamanho	○○○○○
Cor	○○○○○
Sabor	○○○○○

Fertilizantes
e equipamento

Requisitos de água

0%
menos

instruções
de cuidados

instruções
de plantio

Notas adicionais

Livro de registo de jardinagem

| Nome | | Localização | |
| Fornecedor | | Preço | |

Classe científica

Vegetais	○	Fruta
Erva	○	Flor
Arbusto	○	Árvore
Anual	○	Bienal
Perene	○	Sementeira

Data

Germinado

Plantado

Colhido

Nível de luz

Sol

Sol Parcial

Sombra

Outros

Começou a partir de

Semente

Planta

Classificação

Tamanho	○○○○○
Cor	○○○○○
Sabor	○○○○○

Fertilizantes e equipamento

Requisitos de água

0%
menos

instruções de cuidados

instruções de plantio

Notas adicionais

Livro de registo de jardinagem

Nome

Localização

Fornecedor

Preço

Classe científica

Vegetais	○	Fruta
Erva	○	Flor
Arbusto	○	Árvore
Anual	○	Bienal
Perene	○	Sementeira

Data

Germinado

Plantado

Colhido

Nível de luz

Sol

Sol Parcial

Sombra

Outros

Começou a partir de

Semente

Planta

Classificação

Tamanho	○○○○○
Cor	○○○○○
Sabor	○○○○○

Fertilizantes
e equipamento

Requisitos de água

0%
menos

instruções
de cuidados

instruções
de plantio

Notas adicionais

Livro de registo de jardinagem

| Nome | Localização |

| Fornecedor | Preço |

Classe científica

Vegetais	○	Fruta
Erva	○	Flor
Arbusto	○	Árvore
Anual	○	Bienal
Perene	○	Sementeira

Data

Germinado

Plantado

Colhido

Nível de luz

Sol

Sol Parcial

Sombra

Outros

Começou a partir de

Semente

Planta

Classificação

Tamanho	○○○○○
Cor	○○○○○
Sabor	○○○○○

Fertilizantes
e equipamento

Requisitos de água

0%
menos

instruções
de cuidados

instruções
de plantio

Notas adicionais

Livro de registo de jardinagem

| Nome | | Localização |
| Fornecedor | | Preço |

Classe científica

Vegetais	○	Fruta
Erva	○	Flor
Arbusto	○	Árvore
Anual	○	Bienal
Perene	○	Sementeira

Data

Germinado

Plantado

Colhido

Nível de luz

Sol

Sol Parcial

Sombra

Outros

Começou a partir de

Semente

Planta

Classificação

Tamanho	○○○○○
Cor	○○○○○
Sabor	○○○○○

Fertilizantes
e equipamento

Requisitos de água

0%
menos

instruções
de cuidados

instruções
de plantio

Notas adicionais

Livro de registo de jardinagem

Nome	Localização

Fornecedor	Preço

Classe científica

Vegetais	○	Fruta
Erva	○	Flor
Arbusto	○	Árvore
Anual	○	Bienal
Perene	○	Sementeira

Data

Germinado

Plantado

Colhido

Começou a partir de

Semente

Planta

Nível de luz

Sol

Sol Parcial

Sombra

Outros

Classificação

Tamanho	○○○○○
Cor	○○○○○
Sabor	○○○○○

| Fertilizantes e equipamento | Requisitos de água |

0%
menos

| instruções de cuidados | instruções de plantio |

Notas adicionais

Livro de registo de jardinagem

| Nome | | Localização | |

| Fornecedor | | Preço | |

Classe científica

Vegetais	◯	Fruta
Erva	◯	Flor
Arbusto	◯	Árvore
Anual	◯	Bienal
Perene	◯	Sementeira

Data

Germinado

Plantado

Colhido

Nível de luz

Sol

Sol Parcial

Sombra

Outros

Começou a partir de

Semente

Planta

Classificação

Tamanho	◯◯◯◯◯
Cor	◯◯◯◯◯
Sabor	◯◯◯◯◯

Fertilizantes
e equipamento

Requisitos de água

0%
menos

instruções
de cuidados

instruções
de plantio

Notas adicionais

Livro de registo de jardinagem

Nome	Localização

Fornecedor	Preço

Classe científica

Vegetais	○	Fruta
Erva	○	Flor
Arbusto	○	Árvore
Anual	○	Bienal
Perene	○	Sementeira

Data

Germinado

Plantado

Colhido

Nível de luz

Sol

Sol Parcial

Sombra

Outros

Começou a partir de

Semente

Planta

Classificação

Tamanho	○○○○○
Cor	○○○○○
Sabor	○○○○○

Fertilizantes
e equipamento

Requisitos de água

0%
menos

instruções
de cuidados

instruções
de plantio

Notas adicionais

Livro de registo de jardinagem

Nome		Localização

Fornecedor		Preço

Classe científica

Vegetais	○	Fruta
Erva	○	Flor
Arbusto	○	Árvore
Anual	○	Bienal
Perene	○	Sementeira

Data

Germinado

Plantado

Colhido

Nível de luz

Sol

Sol Parcial

Sombra

Outros

Começou a partir de

Semente

Planta

Classificação

Tamanho	○○○○○
Cor	○○○○○
Sabor	○○○○○

Fertilizantes e equipamento	Requisitos de água

0%
menos

instruções de cuidados	instruções de plantio

Notas adicionais

Livro de registo de jardinagem

Nome		Localização
Fornecedor		Preço

Classe científica

Vegetais	○	Fruta
Erva	○	Flor
Arbusto	○	Árvore
Anual	○	Bienal
Perene	○	Sementeira

Data

Germinado

Plantado

Colhido

Nível de luz

Sol

Sol Parcial

Sombra

Outros

Começou a partir de

Semente

Planta

Classificação

Tamanho	○○○○○
Cor	○○○○○
Sabor	○○○○○

Fertilizantes
e equipamento

Requisitos de água

0%
menos

instruções
de cuidados

instruções
de plantio

Notas adicionais

Livro de registo de jardinagem

Nome	Localização

Fornecedor	Preço

Classe científica

Vegetais	O	Fruta
Erva	O	Flor
Arbusto	O	Árvore
Anual	O	Bienal
Perene	O	Sementeira

Data

Germinado

Plantado

Colhido

Nível de luz

Sol

Sol Parcial

Sombra

Outros

Começou a partir de

Semente

Planta

Classificação

Tamanho	O O O O O
Cor	O O O O O
Sabor	O O O O O

Fertilizantes
e equipamento

Requisitos de água

0%
menos

instruções
de cuidados

instruções
de plantio

Notas adicionais

Livro de registo de jardinagem

| Nome | Localização |

| Fornecedor | Preço |

Classe científica

Vegetais	○	Fruta
Erva	○	Flor
Arbusto	○	Árvore
Anual	○	Bienal
Perene	○	Sementeira

Data

Germinado

Plantado

Colhido

Nível de luz

Sol

Sol Parcial

Sombra

Outros

Começou a partir de

Semente

Planta

Classificação

Tamanho ○○○○○

Cor ○○○○○

Sabor ○○○○○

Fertilizantes e equipamento

Requisitos de água

0%
menos

instruções de cuidados

instruções de plantio

Notas adicionais

Livro de registo de jardinagem

| Nome | | Localização |
| Fornecedor | | Preço |

Classe científica

Vegetais	○	Fruta
Erva	○	Flor
Arbusto	○	Árvore
Anual	○	Bienal
Perene	○	Sementeira

Data

Germinado

Plantado

Colhido

Nível de luz

Sol

Sol Parcial

Sombra

Outros

Começou a partir de

Semente

Planta

Classificação

Tamanho	○○○○○
Cor	○○○○○
Sabor	○○○○○

Fertilizantes
e equipamento

Requisitos de água

0%
menos

instruções
de cuidados

instruções
de plantio

Notas adicionais

Livro de registo de jardinagem

Nome	Localização
Fornecedor	Preço

Vegetais	○	Fruta
Erva	○	Flor
Arbusto	○	Árvore
Anual	○	Bienal
Perene	○	Sementeira

Data

Germinado

Plantado

Colhido

Nível de luz

Sol

Sol Parcial

Sombra

Outros

Começou a partir de

Semente

Planta

Classificação

Tamanho	○○○○○
Cor	○○○○○
Sabor	○○○○○

Fertilizantes
e equipamento

Requisitos de água

0%
menos

instruções
de cuidados

instruções
de plantio

Notas adicionais

Livro de registo de jardinagem

Nome	Localização

Fornecedor	Preço

Classe científica

Vegetais	○	Fruta
Erva	○	Flor
Arbusto	○	Árvore
Anual	○	Bienal
Perene	○	Sementeira

Data

Germinado

Plantado

Colhido

Começou a partir de

Semente

Planta

Nível de luz

Sol

Sol Parcial

Sombra

Outros

Classificação

Tamanho	○○○○○
Cor	○○○○○
Sabor	○○○○○

Fertilizantes
e equipamento

Requisitos de água

0%
menos

instruções
de cuidados

instruções
de plantio

Notas adicionais

Livro de registo de jardinagem

Nome	Localização

Fornecedor	Preço

Classe científica

Vegetais	○	Fruta
Erva	○	Flor
Arbusto	○	Árvore
Anual	○	Bienal
Perene	○	Sementeira

Data

Germinado

Plantado

Colhido

Nível de luz

Sol

Sol Parcial

Sombra

Outros

Começou a partir de

Semente

Planta

Classificação

Tamanho ○○○○○

Cor ○○○○○

Sabor ○○○○○

Fertilizantes
e equipamento

Requisitos de água

0%
menos

instruções
de cuidados

instruções
de plantio

Notas adicionais

Livro de registo de jardinagem

Nome	Localização

Fornecedor	Preço

Classe científica

Vegetais	○	Fruta
Erva	○	Flor
Arbusto	○	Árvore
Anual	○	Bienal
Perene	○	Sementeira

Data

Germinado

Plantado

Colhido

Nível de luz

Sol

Sol Parcial

Sombra

Outros

Começou a partir de

Semente

Planta

Classificação

Tamanho	○○○○○
Cor	○○○○○
Sabor	○○○○○

Fertilizantes
e equipamento

Requisitos de água

0%
menos

instruções
de cuidados

instruções
de plantio

Notas adicionais

Livro de registo de jardinagem

| Nome | | Localização |
| Fornecedor | | Preço |

Classe científica

Vegetais	⭘	Fruta
Erva	⭘	Flor
Arbusto	⭘	Árvore
Anual	⭘	Bienal
Perene	⭘	Sementeira

Data

Germinado

Plantado

Colhido

Nível de luz

Sol

Sol Parcial

Sombra

Outros

Começou a partir de

Semente

Planta

Classificação

Tamanho	⭘⭘⭘⭘⭘
Cor	⭘⭘⭘⭘⭘
Sabor	⭘⭘⭘⭘⭘

Fertilizantes
e equipamento

Requisitos de água

0%
menos

instruções
de cuidados

instruções
de plantio

Notas adicionais

Livro de registo de jardinagem

Nome		Localização
Fornecedor		Preço

Classe científica

Vegetais	○	Fruta
Erva	○	Flor
Arbusto	○	Árvore
Anual	○	Bienal
Perene	○	Sementeira

Data

Germinado

Plantado

Colhido

Nível de luz

Sol

Sol Parcial

Sombra

Outros

Começou a partir de

Semente

Planta

Classificação

Tamanho	○○○○○
Cor	○○○○○
Sabor	○○○○○

Fertilizantes
e equipamento

Requisitos de água

0%
menos

instruções
de cuidados

instruções
de plantio

Notas adicionais

Livro de registo de jardinagem

Nome	Localização

Fornecedor	Preço

Classe científica

Vegetais	○	Fruta
Erva	○	Flor
Arbusto	○	Árvore
Anual	○	Bienal
Perene	○	Sementeira

Data

Germinado

Plantado

Colhido

Nível de luz

Sol

Sol Parcial

Sombra

Outros

Começou a partir de

Semente

Planta

Classificação

Tamanho ○○○○○

Cor ○○○○○

Sabor ○○○○○

Fertilizantes e equipamento

Requisitos de água

0%
menos

instruções de cuidados

instruções de plantio

Notas adicionais

Livro de registo de jardinagem

Nome

Localização

Fornecedor

Preço

Classe científica

Vegetais	◯	Fruta
Erva	◯	Flor
Arbusto	◯	Árvore
Anual	◯	Bienal
Perene	◯	Sementeira

Data

Germinado

Plantado

Colhido

Nível de luz

Sol

Sol Parcial

Sombra

Outros

Começou a partir de

Semente

Planta

Classificação

Tamanho ◯◯◯◯◯

Cor ◯◯◯◯◯

Sabor ◯◯◯◯◯

<table>
<tr><td>Fertilizantes
e equipamento</td><td>Requisitos de água</td></tr>
</table>

0%
menos

<table>
<tr><td>instruções
de cuidados</td><td>instruções
de plantio</td></tr>
</table>

Notas adicionais

Livro de registo de jardinagem

Nome	Localização

Fornecedor	Preço

Classe científica

Vegetais	○	Fruta
Erva	○	Flor
Arbusto	○	Árvore
Anual	○	Bienal
Perene	○	Sementeira

Data

Germinado

Plantado

Colhido

Nível de luz

Sol

Sol Parcial

Sombra

Outros

Começou a partir de

Semente

Planta

Classificação

Tamanho	○○○○○
Cor	○○○○○
Sabor	○○○○○

Fertilizantes
e equipamento

Requisitos de água

0%
menos

instruções
de cuidados

instruções
de plantio

Notas adicionais

Livro de registo de jardinagem

Nome

Localização

Fornecedor

Preço

Classe científica

Vegetais	○	Fruta
Erva	○	Flor
Arbusto	○	Árvore
Anual	○	Bienal
Perene	○	Sementeira

Data

Germinado

Plantado

Colhido

Nível de luz

Sol

Sol Parcial

Sombra

Outros

Começou a partir de

Semente

Planta

Classificação

Tamanho ○○○○○

Cor ○○○○○

Sabor ○○○○○

Fertilizantes
e equipamento

Requisitos de água

0%
menos

instruções
de cuidados

instruções
de plantio

Notas adicionais

Livro de registo de jardinagem

| Nome | Localização |

| Fornecedor | Preço |

Classe científica

Vegetais	○	Fruta
Erva	○	Flor
Arbusto	○	Árvore
Anual	○	Bienal
Perene	○	Sementeira

Data

Germinado

Plantado

Colhido

Nível de luz

Sol

Sol Parcial

Sombra

Outros

Começou a partir de

Semente

Planta

Classificação

Tamanho	○○○○○
Cor	○○○○○
Sabor	○○○○○

Fertilizantes
e equipamento

Requisitos de água

0%
menos

instruções
de cuidados

instruções
de plantio

Notas adicionais

Livro de registo de jardinagem

Nome	Localização

Fornecedor	Preço

Classe científica

Vegetais	○	Fruta
Erva	○	Flor
Arbusto	○	Árvore
Anual	○	Bienal
Perene	○	Sementeira

Data

Germinado

Plantado

Colhido

Nível de luz

Sol

Sol Parcial

Sombra

Outros

Começou a partir de

Semente

Planta

Classificação

Tamanho	○○○○○
Cor	○○○○○
Sabor	○○○○○

Fertilizantes
e equipamento

Requisitos de água
0%
menos

instruções
de cuidados

instruções
de plantio

Notas adicionais

Livro de registo de jardinagem

Nome

Localização

Fornecedor

Preço

Classe científica

Vegetais	○	Fruta
Erva	○	Flor
Arbusto	○	Árvore
Anual	○	Bienal
Perene	○	Sementeira

Data

Germinado

Plantado

Colhido

Nível de luz

Sol

Sol Parcial

Sombra

Outros

Começou a partir de

Semente

Planta

Classificação

Tamanho	○○○○○
Cor	○○○○○
Sabor	○○○○○

Fertilizantes
e equipamento

Requisitos de água

0%
menos

instruções
de cuidados

instruções
de plantio

Notas adicionais

Livro de registo de jardinagem

Nome

Localização

Fornecedor

Preço

Classe científica

Vegetais	○	Fruta
Erva	○	Flor
Arbusto	○	Árvore
Anual	○	Bienal
Perene	○	Sementeira

Data

Germinado

Plantado

Colhido

Nível de luz

Sol

Sol Parcial

Sombra

Outros

Começou a partir de

Semente

Planta

Classificação

Tamanho ○○○○○

Cor ○○○○○

Sabor ○○○○○

Fertilizantes e equipamento

Requisitos de água

0%
menos

instruções de cuidados

instruções de plantio

Notas adicionais

Livro de registo de jardinagem

| Nome | Localização |
| Fornecedor | Preço |

Classe científica

Vegetais	○	Fruta
Erva	○	Flor
Arbusto	○	Árvore
Anual	○	Bienal
Perene	○	Sementeira

Data

Germinado

Plantado

Colhido

Nível de luz

Sol

Sol Parcial

Sombra

Outros

Começou a partir de

Semente

Planta

Classificação

Tamanho	○○○○○
Cor	○○○○○
Sabor	○○○○○

Fertilizantes
e equipamento

Requisitos de água

0%
menos

instruções
de cuidados

instruções
de plantio

Notas adicionais

Livro de registo de jardinagem

Nome	Localização

Fornecedor	Preço

Classe científica

Vegetais	○	Fruta
Erva	○	Flor
Arbusto	○	Árvore
Anual	○	Bienal
Perene	○	Sementeira

Data

Germinado

Plantado

Colhido

Nível de luz

Sol

Sol Parcial

Sombra

Outros

Começou a partir de

Semente

Planta

Classificação

Tamanho	○○○○○
Cor	○○○○○
Sabor	○○○○○

Fertilizantes
e equipamento

Requisitos de água

0%
menos

instruções
de cuidados

instruções
de plantio

Notas adicionais

Livro de registo de jardinagem

| Nome | | Localização |
| Fornecedor | | Preço |

Classe científica

Vegetais	○	Fruta
Erva	○	Flor
Arbusto	○	Árvore
Anual	○	Bienal
Perene	○	Sementeira

Data

Germinado

Plantado

Colhido

Nível de luz

Sol

Sol Parcial

Sombra

Outros

Começou a partir de

Semente

Planta

Classificação

Tamanho	○○○○○
Cor	○○○○○
Sabor	○○○○○

Fertilizantes
e equipamento

Requisitos de água

0%
menos

instruções
de cuidados

instruções
de plantio

Notas adicionais

Livro de registo de jardinagem

Nome	Localização

Fornecedor	Preço

Classe científica

Vegetais	○	Fruta
Erva	○	Flor
Arbusto	○	Árvore
Anual	○	Bienal
Perene	○	Sementeira

Data	Nível de luz
Germinado	Sol
Plantado	Sol Parcial
	Sombra
Colhido	Outros

Começou a partir de	Classificação
Semente	Tamanho ○○○○○
Planta	Cor ○○○○○
	Sabor ○○○○○

Fertilizantes e equipamento

Requisitos de água

0%
menos

instruções de cuidados

instruções de plantio

Notas adicionais

Livro de registo de jardinagem

| Nome | Localização |

| Fornecedor | Preço |

Classe científica

Vegetais	⚪	Fruta
Erva	⚪	Flor
Arbusto	⚪	Árvore
Anual	⚪	Bienal
Perene	⚪	Sementeira

Data

Germinado

Plantado

Colhido

Nível de luz

Sol

Sol Parcial

Sombra

Outros

Começou a partir de

Semente

Planta

Classificação

Tamanho ⚪⚪⚪⚪⚪

Cor ⚪⚪⚪⚪⚪

Sabor ⚪⚪⚪⚪⚪

Fertilizantes e equipamento

Requisitos de água

0%
menos

instruções de cuidados

instruções de plantio

Notas adicionais

Livro de registo de jardinagem

Nome

Localização

Fornecedor

Preço

Classe científica

Vegetais	○	Fruta
Erva	○	Flor
Arbusto	○	Árvore
Anual	○	Bienal
Perene	○	Sementeira

Data

Germinado

Plantado

Colhido

Nível de luz

Sol

Sol Parcial

Sombra

Outros

Começou a partir de

Semente

Planta

Classificação

Tamanho ○○○○○

Cor ○○○○○

Sabor ○○○○○

<table>
<tr><td>Fertilizantes
e equipamento</td><td>Requisitos de água</td></tr>
</table>

0%
menos

<table>
<tr><td>instruções
de cuidados</td><td>instruções
de plantio</td></tr>
</table>

Notas adicionais

Livro de registo de jardinagem

| Nome | | Localização |
| Fornecedor | | Preço |

Classe científica

Vegetais	○	Fruta
Erva	○	Flor
Arbusto	○	Árvore
Anual	○	Bienal
Perene	○	Sementeira

Data

Germinado

Plantado

Colhido

Nível de luz

Sol

Sol Parcial

Sombra

Outros

Começou a partir de

Semente

Planta

Classificação

Tamanho ○○○○○

Cor ○○○○○

Sabor ○○○○○

Fertilizantes
e equipamento

Requisitos de água

0%
menos

instruções
de cuidados

instruções
de plantio

Notas adicionais

Livro de registo de jardinagem

Nome	Localização
Fornecedor	Preço

Classe científica

Vegetais	○	Fruta
Erva	○	Flor
Arbusto	○	Árvore
Anual	○	Bienal
Perene	○	Sementeira

Data

Germinado

Plantado

Colhido

Nível de luz

Sol

Sol Parcial

Sombra

Outros

Começou a partir de

Semente

Planta

Classificação

Tamanho	○○○○○
Cor	○○○○○
Sabor	○○○○○

Fertilizantes e equipamento

Requisitos de água

0%
menos

instruções de cuidados

instruções de plantio

Notas adicionais

www.ingramcontent.com/pod-product-compliance
Lightning Source LLC
LaVergne TN
LVHW011028200726
843509LV00011B/1223